SOCIÉTÉ DE VITICULTURE D'ARBOIS

MÉMOIRE

SUR LA

MANIÈRE LA PLUS AVANTAGEUSE

DE FAIRE LE VIN A ARBOIS

ET DANS LE SURPLUS DU VIGNOBLE DE L'ARRONDISSEMENT DE POLIGNY

ARBOIS

IMPRIMERIE D'ÉMIR JAVEL

MDCCCLXIV

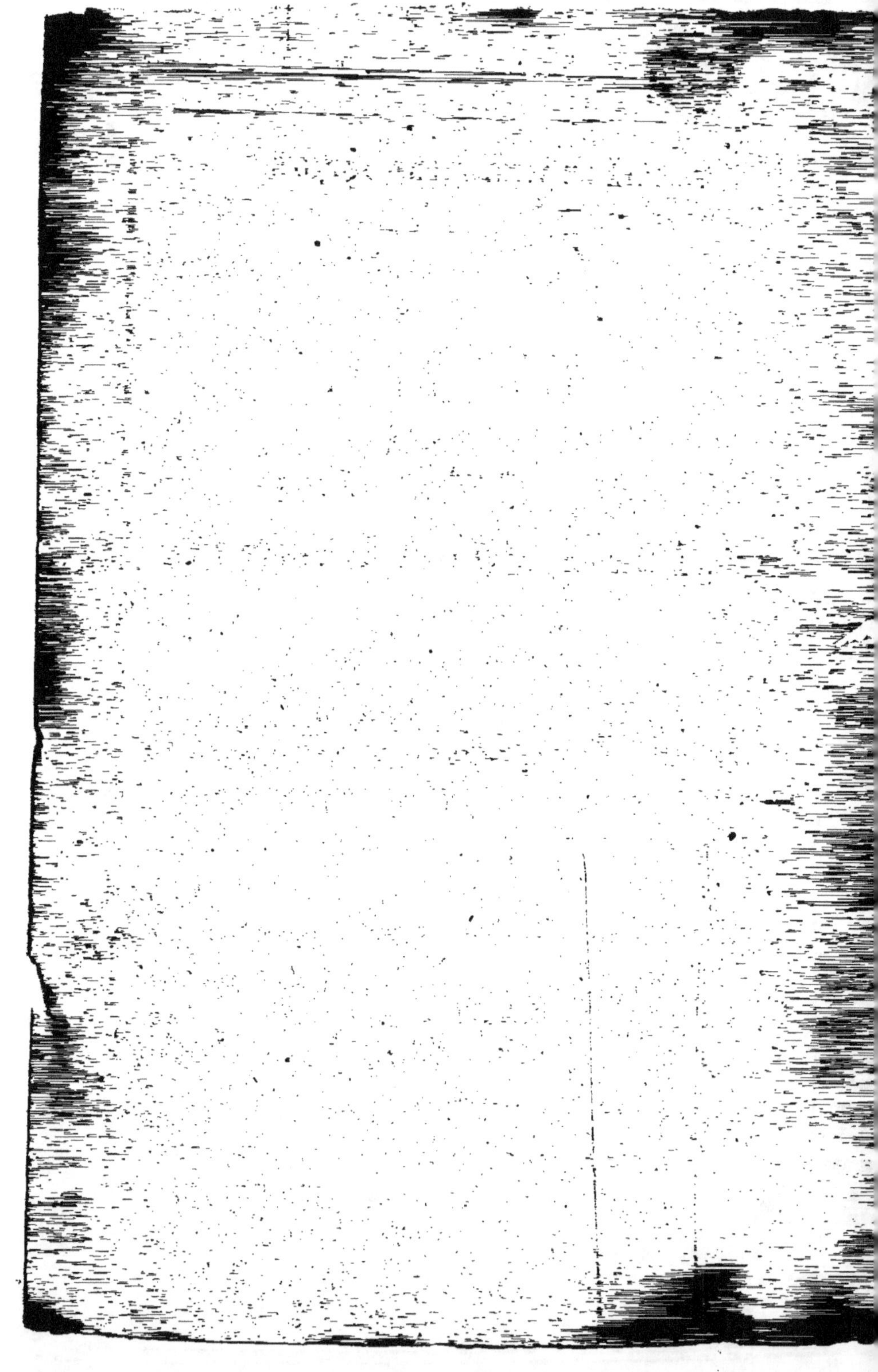

MÉMOIRE

MANIÈRE LA PLUS AVANTAGEUSE DE FAIRE LE VIN

A ARBOIS

et dans le surplus du vignoble de l'arrondissement de Poligny

MÉMOIRE

SUR LA

MANIÈRE LA PLUS AVANTAGEUSE

DE FAIRE LE VIN A ARBOIS

ET DANS LE SURPLUS DU VIGNOBLE DE L'ARRONDISSEMENT DE
POLIGNY

ARBOIS
IMPRIMERIE D'ÉMIR JAVEL

MDCCCLXIV

[illegible]

Ⓒ.

[illegible]

AVERTISSEMENT

Depuis quelques années des novateurs, certaine-
ment animés de bonnes intentions, mais plus en-
thousiastes qu'observateurs et réfléchis, cherchent,
sans s'en douter, à propager l'erreur, dangereuse
pour la réputation des vins d'Arbois et des localités
circonvoisines, et qui deviendrait en outre fort coûteuse aux viticulteurs qui auraient la faiblesse de la
partager, qu'il faut cuver à la méthode bourgui-
gnonne, c'est-à-dire à une température élevée. —
En effet, d'une part, pour abandonner l'usage de
cuver dans les caves, dont l'origine se perd dans la

nuit des temps, et lui substituer une fermentation à haute température, il serait indispensable de se livrer en pure perte, on peut le dire, à des frais considérables d'appropriation et d'installation, et, d'autre part, au lieu des vins justement estimés d'Arbois, des Arsures, de Salins, etc., etc., on obtiendrait des vins qui ne leur ressembleraient en rien, d'une qualité relative très-inférieure, surtout au point de vue de la richesse alcoolique et du bouquet.

Nos pères et nos aïeux étaient assez près de la Bourgogne pour être parfaitement renseignés sur la manière dont depuis des siècles on y fait et faisait le vin, et s'ils ne l'ont pas adoptée, c'est sans contredit parce qu'ils avaient d'excellentes raisons pour cela.

A la vérité, des expérimentateurs ont avancé qu'ils avaient été satisfaits des essais de fermentation à une température élevée qu'ils avaient tentés, mais on ne craint pas d'affirmer que c'est une pure illusion de leur part et que les résultats obtenus par eux ont été mal observés et encore plus mal appréciés.

Le plus sûr moyen à employer pour faire le meilleur vin possible dans le vignoble de l'arrondissement de Poligny, et tout spécialement à Arbois, consiste à égrapper la vendange, à cuver dans les caves et avec des tonneaux de couche, à ne décuver que quand le vin a cessé absolument d'être doux et à éviter que le *chapeau* soit en contact avec l'air. Cette opinion, la seule vraie et qui soit d'une application facile, se justifie d'ailleurs par le raisonnement, les données de la science et les expériences quand elles sont faites avec soins et intelligence.

[illegible]

SOCIÉTÉ DE VITICULTURE D'ARBOIS

MÉMOIRE

SUR LA

MANIÈRE LA PLUS AVANTAGEUSE DE FAIRE LE VIN

A ARBOIS

et dans le surplus du vignoble de l arrondissement de Poligny

RÉSOLUTIONS DIVERSES

PRISES PAR LA SOCIÉTÉ

Dans sa séance du 8 mai 1864 la société viticole d'Arbois a pris la résolution de faire imprimer à quelques milliers d'exemplaires une petite brochure qui contiendra : 1° des observations sommaires sur la fermentation des vendanges et sur la théorie de ce phénomène ; 2° et le résultat des études approfondies qui ont été faites, pour la première fois, sur les procédés de vinification en usage dans l'arrondissement de Poligny. La société a de plus arrêté que cette brochure serait distribuée gratis aux vignerons pauvres et vendue à toutes les autres personnes à un prix excessivement bas, afin qu'il fût loisible à chacun, en quelque sorte sans bourse délier, de profiter des avantages que peut offrir une semblable publication. La considération qu'il importait de vulgariser tout ce qui tient aux connaissances nécessaires pour pratiquer avec fruit l'art de faire le vin dans l'arrondissement de Poligny a été le motif principal, sinon l'unique, de la détermination prise par la société.

Dans la même séance la commission qui, depuis près de trois ans, a été chargée de rechercher les causes, le nombre, la nature et les caractères des altérations spontanées des vins, les précautions à prendre pour prévenir ces altérations ainsi que les moyens thérapeutiques à employer quand elles se sont produites, à fait espérer qu'elle serait prochainement en mesure de faire son rapport sur l'une et peut-être sur deux des maladies des vins. Après cette intéressante communication, la société s'est empressée de décider qu'un précis des travaux de la commission, et tout spécialement des moyens pratiques préventifs et curatifs des altérations spontanées des vins, serait également publié sans retard. La même résolution a été prise en ce qui concerne d'autres questions de vinification qui sont encore à l'étude.

I.

OBSERVATIONS SOMMAIRES

Sur la fermentation des vendanges et sur la théorie de ce phénomène.

La fermentation des vendanges commence à la température de 5 degrés au-dessus de zéro. A une température plus basse la fermentation ne se produit pas. Lorsque la température est de 30 degrés réaumur et au-dessus, la fermentation devient acétique. L'énergie de la fermentation augmente avec l'élévation de température. Plus la quantité de vendange est considérable, plus la fermentation est active et réciproquement, toutes les autres conditions étant les mêmes. La température des vendanges en fermentation s'élève souvent de plusieurs degrés au-dessus de celle de l'air ambiant. Les vendanges bien mûres et qui contiennent beaucoup de parties sucrées fermentent plus lentement que les vendanges peu mûres et peu sucrées. Aussi faut-il plus de temps pour compléter la fermentation dans le premier cas que dans le second. Il est possible de donner de l'activité à la fermentation en élevant la température ambiante, en chauffant du moût et en recouvrant les tonneaux avec des étoffes surtout en laine ou en coton. — Il est nécessaire aussi que les vendanges soient en contact avec l'air, tout au moins au début de la fermentation, car si les vendanges avaient été déposées dans un vase où l'on aurait préalablement fait le vide et où l'air ne pourrait pénétrer et n'aurait pu pénétrer, la fermentation n'aurait pas lieu alors même que les conditions de température ambiante seraient d'ailleurs suffisamment élevées pour son développement. Les nombreuses expériences qui ont été faites ont mis ces divers points hors de toute controverse.

La fermentation a pour but et pour effet de convertir la partie sucrée des vendanges en alcool et en acide carbonique. Ce sont les produits principaux de la fermentation. Les admirables travaux de M. Pasteur sur la fermentation alcoolique ont révélé que la glycérine et l'acide succinique étaient également des produits de la fermentation. Dans ces derniers temps, d'autres chimistes ont avancé que la fermentation des vendanges produisait en outre de l'acide acétique en petite quantité. Cette opinion ayant été contredite par quelques savants, il est prudent, avant de l'admettre, d'attendre le résultat de nouvelles expériences. — Parmi les produits de la fermentation, Chaptal avait cru remarquer un acide auquel il avait donné le nom d'acide *malique*. C'est sans doute l'acide succinique découvert par M. Pasteur, comme un des produits de la fermentation.

Lavoisier a l'honneur d'être le premier qui ait véritablement connu et décrit la fermentation alcoolique. Aussi les études faites après lui n'ont-elles porté que sur des circonstances accessoires de ce curieux phénomène. — On n'est guère plus d'accord aujourd'hui sur les causes de la fermentation qu'on ne l'était autrefois. Les uns l'attribuent à une action de contact. D'autres pensent qu'elle est produite par une force qu'ils appellent *catalytique*. — L'opinion la plus en faveur est celle qui consiste à voir dans la fermentation un acte physiologique. C'est celle adoptée par M. Pasteur dans son beau mémoire sur la fermentation alcoolique. — Selon cet illustre chimiste, la fermentation serait due à la présence de corps microscopiques, vivants, organisés, et doués de la merveilleuse faculté de se multiplier et de se reproduire avec une incroyable rapidité toutes les fois qu'ils sont dans un milieu de température convenable. — Le germe au moins de ces petits êtres serait dans l'air et une fois qu'ils ont pénétré dans la vendange ils y trouvent une alimentation qui leur donne cette vitalité énergique et cette force extraordinaire de propagation et d'évolution que le microscope a permis d'observer. — Ces petits êtres ont reçu le nom de *ferment*. Ils respirent de l'oxygène et expirent de l'acide carbonique. Ils périssent et tombent au fond du liquide lorsque la conversion de la partie sucrée des vendanges est complète. Ils perdent alors ainsi toute faculté de reproduction. M. Pasteur admet que le ferment de *levure de bière*, d'une extrême ressemblance au ferment des vendanges, peut vivre sans oxygène libre.

II.

RÉSULTAT

Dès études faites sur les procédés de vinification sui-
vis dans l'arrondissement de Poligny.

Dès le début de ses travaux, la société viticole
d'Arbois s'est vivement préoccupée, et avec raison, du
point de savoir si l'usage fort ancien existant dans
l'arrondissement de Poligny et notamment à Arbois,
d'égrapper la vendange, de cuver dans les caves et
avec des tonneaux de couche, devait continuer d'être
suivi. — Cette question complexe, difficile, est du
plus haut intérêt. Pour la résoudre, il était utile de
s'enquérir des motifs qui avaient amené l'habitude
d'égrapper la vendange, de cuver dans les caves et
avec des tonneaux de couche ; il fallait aussi et de
toute nécessité, faire des expériences, les répéter et
même les contrôler au moyen des données actuelles

de la science, surtout en ce qui concerne : soit la température des caves par rapport à celle exigée pour une bonne fermentation; soit le moment le plus convenable pour décuver et entonner les vins, ou le temps durant lequel il faut abandonner les vendanges au travail de la fermentation ; soit les avantages et les inconvénients de laisser le vin plus ou moins longtemps sous les marcs ; soit enfin pour reconnaître les vices de certaines pratiques de détail et le complément que quelques autres sont destinées à recevoir. C'est ce qui a été fait. Il n'était, du reste, guère permis d'agir autrement si l'on voulait, autant que possible, éviter les causes d'erreur et s'efforcer de restreindre le champ du hasard et de l'hypothèse. Les résultats obtenus, il est bon de le dire dès maintenant, sont une démonstration complète de l'excellence des procédés de vinification en usage dans l'arrondissement de Poligny et de l'impossibilité de leur en substituer d'autres, quels qu'ils soient, sans gravement compromettre la réputation et le commerce des vins, notamment d'Arbois et de quelques localités circonvoisines. Ce qu'il y a de mieux à faire, c'est donc d'en continuer la pratique et de ne pas négliger les améliorations dont ils sont susceptibles, améliorations dont les principales seront d'ailleurs signalées. Au surplus, les paragraphes ci-après feront ressortir l'évidence de toutes ces vérités et mettront en lumière la conclusion qui vient d'être énoncée.

§ 1er.

CAUSES

De l'usage de cuver dans les caves avec des tonneaux de couche et d'égrapper la vendange.

Quand un usage remonte à une époque fort ancienne, lorsqu'il a résisté à l'épreuve du temps sans subir de ces vicissitudes qui tiennent si essentiellement à l'instabilité des choses humaines, il serait dérisoire de nier sa raison d'être, car il en a nécessairement une. — Il suit de là que l'habitude à Arbois et dans les environs d'égrapper la vendange, de cuver dans les caves et avec des tonneaux de couche, ne s'est point établie sans de puissants motifs qu'il était utile de rechercher et d'expliquer.

Un but d'économie a dû tout d'abord inspirer l'idée de cuver dans les caves, parce que l'on évitait ainsi les dépenses relativement considérables qu'entraînent l'emplacement, la construction, l'entretien et les réparations d'une cuverie, l'achat et l'installation de grands tonneaux dont la destination spéciale et presque exclusive aurait été de servir à la fermentation des vendanges. — Mais comme la fermentation alcoolique, abandonnée à elle-même, est lente dans les caves à cause de la température peu élevée qui y règne, et que pour s'accomplir d'une manière suffisante un temps assez long est nécessaire, on a ensuite dû, après des essais et des tâtonnements plus ou moins nombreux, être amené à égrapper les vendanges et à employer, pour les faire fermenter, des tonneaux de couche. — En effet, en cuvant longtemps avec la rafle, et il est impossible, on le verra bientôt, de ne pas cuver longtemps dans les caves, on obtient un vin dur, acerbe, qui conserve durant plusieurs années un goût désagréable de grappe et qui très-souvent ne le perd pas du tout, du moins entièrement, tandis que le vin fait avec des raisins égrappés est fin, délicat, fort agréable au goût, se fait vite et possède des qualités hygiéniques inconstables et d'une excellente alimentation. — D'autre part, la vendange soumise à la fermentation dans des tonneaux debout, à large ouverture, est beaucoup trop accessible à l'air qui envahit effectivement toute la surface de la large ouverture de ces tonneaux, dès que le gaz acide carbonique qui se dégage de la fermentation cesse d'y former obstacle, pénètre la partie supérieure des vendanges, ou le *chapeau*, et y occasionne des moisissures et de l'acétification ; — puis comme le *chapeau* est en contact immédiat avec le vin, il lui communique un principe morbide qui en se développant amène promptement sa dégénérescence et le rend non-seulement impropre à l'alimentation, mais encore nuisible à la santé. — Aucun de ces inconvénients n'est à craindre avec des tonneaux de couche si, surtout, on a la précaution de fermer la bonde à propos, opération du reste simple et facile, parce que alors la partie supérieure de la vendange, ou le *chapeau*, étant isolée de l'air, est préservée de moisissures et d'acétification. Dans ces conditions, le vin peut rester sous les marcs durant de longs mois sans être exposé à la moindre altération. — Indépendamment de ces avantages fort importants, il en est encore d'autres qui, pour être secondaires, n'en ont pas moins un certain degré d'utilité. Par exemple, la manutention des vendanges et surtout des vins lors de leur entonnement, est plus facile et moins dispendieuse dans les caves que dans les cuveries ; — après avoir décuvé on peut loger du vin dans les tonneaux de couche. Ils sont très-propres à cet usage et ils ne s'en conservent que mieux et en meilleur état, etc., etc.

Tout le monde conviendra sans doute, qu'une méthode de vinification qui se recommande par une grande économie de dépense et par les bonnes qualités du vin que l'on en obtient, mérite d'être conservée.

§ 2°.

TEMPÉRATURE DES CAVES

Par rapport à la fermentation. — Temps durant lequel il est convenable de cuver. — Moment où il convient de décuver. — Y a-t-il des avantages ou des inconvénients à laisser le vin sous les marcs plus ou moins longtemps? — Y a-t-il ou non des précautions à prendre?

Ces questions ayant entre elles une relation intime,

on a jugé à propos de les réunir sous un même para-
graphe. C'était d'ailleurs un moyen d'être plus court,
plus précis et d'éviter des répétitions inutiles.

Dans le vignoble de l'arrondissement de Poligny,
et à Arbois tout spécialement, la température ordinaire
des caves varie de sept à dix degrés au-dessus de zéro.
Elle ne descend au-dessous de sept degrés et ne s'élève
au-dessus de dix que dans des cas exceptionnels. —
Est-elle assez élevée pour obtenir une bonne fermentation? Oui, si l'on égrappe la vendange, si l'on
cuve dans des tonneaux de couche et durant un
temps suffisant; non, si l'on cuve dans des tonneaux
debout, même en égrappant la vendange. A plus
forte raison la température ordinaire des caves sera-t-
elle trop basse si l'on cuve avec la rafle et dans des
tonneaux debout. A cet égard, les nombreuses expériences pratiques et scientifiques qui ont été faites
n'ont pas laissé de place au doute. Au surplus, les
explications dans lesquelles on va entrer seront, on
l'espère, de nature à convaincre les plus incrédules.

En cuvant dans des tonneaux de couche la vendange égrappée, on peut et même l'on doit cuver

longtemps, soit parce que la fermentation, si elle n'est pas excitée artificiellement, est lente dans les caves à cause du peu d'élévation de leur température, soit parce que la fermentation n'est réellement terminée et ne donne un vin suffisamment cuvé qu'après la transformation complète des parties douces et sucrées de la vendange en alcool, acide carbonique, glycérine et acide succinique, produits actuellement connus de la fermentation, et peut-être encore en d'autres produits jusqu'à présent non observés ou découverts.

Mais, en définitive, se demandera-t-on, combien de temps faut-il cuver dans les caves, lorsque l'on égrappe la vendange et que l'on se sert de tonneaux de couche? Est-ce durant un, deux, trois, quatre, cinq, six mois? Est-ce plus de six mois ou moins d'un mois? En d'autres termes, quel moment faut-il choisir pour décuver d'une manière opportune? — S'il était possible de donner à cette double et grave difficulté qui, au fond n'en est qu'une, une solution précise et mathématique, l'art de faire le vin aurait fait un grand pas, mais malheureusement c'est impossible, car la durée de la fermentation et le véritable moment de décuver sont subordonnés à une

foule de circonstances, telles que la nature, la qualité
et la maturation des vendanges, la proportion de la
partie sucrée et doucereuse qu'elles contiennent, la
température, le temps sec ou humide existant au
moment où l'on vendange, la température du milieu
où s'accomplit la fermentation, la manière dont la
fermentation a été conduite et soignée, les précautions prises pour éviter le contact de l'air, etc., etc.
— Dès lors, poser une règle *à priori* et vouloir l'ap-
pliquer dans tous les cas sans examen ni restriction
serait simplement un non-sens. Le vrai moment
de décuver est arrivé quand la fermentation est
complète, et elle l'est lorsque le vin est clair et surtout lorsqu'il n'est absolument plus doux, chose
excessivement facile à reconnaître à la vue et à l'o-
dorat. On indique ce moyen de reconnaître quand il
convient de décuver, parce que, en pratique, il est le
le plus simple et le plus sûr. Il doit donc être
préféré à l'usage de l'aréomètre, ou pèse-liqueur, qui,
en outre de son prix d'achat, peu élevé il est vrai,
exige une certaine habileté pour être manié conve-
nablement. Or, il est bien que les vignerons restent
affranchis et de cette dépense quoique minime et du
souci de se livrer avec le pèse-liqueur à des opéra-

tions dont ils ne se rendraient peut-être pas toujours un compte parfaitement exact.

Au surplus, il y a de graves inconvénients à décuver tôt. Il n'y en a pas à décuver tard. Si la bonde a été fermée à propos et si le contact de l'air est évité, il y a au contraire des avantages certains à décuver tard. Il s'agit de le justifier.

Le vin décuvé tôt est relativement peu coloré et ce défaut de coloration, si c'en est un, n'en nuit pas moins à la vente, parce que l'immense majorité des consommateurs voient la qualité d'un vin dans sa couleur, et que les spéculateurs le recherchent de préférence, guidés qu'ils sont par leur intérêt et l'espoir de réaliser de plus forts bénéfices, plutôt que par le sentiment d'un choix de qualité vraiment supérieure. — En décuvant à bonne heure, il est matériellement impossible que le vin ne soit pas encore doux, si ce n'est dans les très-mauvaises années où les vendanges ont mal mûri, et cependant l'on ne doit entonner que quand le vin n'est plus doux. Le vin séparé de la gène et resté doux doit nécessairement continuer à fermenter, puisque cette douceur a sa cause dans une partie plus ou moins considérable du sucre de raisin, matière éminemment fermentescible, qui n'a pas été convertie en produits connus et inconnus de la fermentation. Or, il est démontré que la fermentation du vin qui n'est plus en contact avec les marcs s'accomplit mal, parce que alors, le *ferment* ne trouve plus dans les substances azotées et albuminoïdes qui restent, une nutrition suffisante à son développement à sa reproduction, et à ses évolutions fonctionnelles, il languit, devient malade et périt ; Puis cet état de choses occasionne des fermentations qui s'éloignent plus ou moins des caractères et de la nature de la fermentation alcoolique, et qui sont, à ne pas en douter, l'une des sources fécondes de l'altération spontanée des vins. Tels sont les inconvénients principaux de découver trop tôt. Ils sont assez graves, ce me semble, pour que l'on n'hésite point à s'y soustraire.

En découvant tard, le vin est toujours relativement très-foncé, ce qui en facilite la vente et lui donne un prix qu'il n'aurait pas s'il était moins coloré. Il a plus de richesse alcoolique aussi, parce que tout le sucre de raisin a été dédoublé ou transformé et

qu'aucune partie ne court la chance d'être perdue
par suite d'une mauvaise fermentation après l'entonnement. Il est enfin moins sujet aux maladies et
d'une conservation infiniment plus facile. Il n'y aurait des inconvénients à entonner tard qu'autant que
l'on n'aurait pas pris la précaution de fermer la
bonde à propos, parce que, ainsi qu'on l'a déjà dit et
qu'on ne saurait trop le répéter, le contact de l'air
aigrirait et moisirait infailliblement la partie supérieure de la vendange, ou le *chapeau*, qui, étant lui-
même en contact avec le vin, exercerait sur ce liquide
les influences les plus fâcheuses, notamment en lui im-
primant un principe acide dont il n'est pas toujours
possible d'empêcher le développement. Mais il est
facile de prévenir les inconvénients résultant du contact de l'air. D'abord, tant que la vendange fermente,
le gaz acide carbonique qui s'en dégage étant plus
lourd que l'air, s'oppose à son introduction dans le
tonneau et expulse même celui qui s'y trouve. Ensuite et à mesure que la fermentation s'affaiblit de
plus en plus, il faut avoir le soin de fermer progressivement la bonde de manière à ne laisser de l'ouverture que ce qui est rigoureusement nécessaire

pour permettre au gaz acide carbonique de s'échapper. Dans cette situation le contact de l'air est également impossible. Enfin, lorsqu'il ne se dégage plus ou presque plus de gaz acide carbonique, ce dont on s'aperçoit aisément en plaçant le nez sur la bonde, on ferme hermétiquement le tonneau en serrant le bondon comme on le fait pour le vin. A partir de ce moment, ni le *chapeau,* ni le vin ne sont plus en communication avec l'air que par endosmose, et dans ces conditions on peut, sans danger, attendre pour décuver deux ans si l'on veut.

Il était indispensable de s'assurer si la pratique confirmerait la double théorie qui vient d'être exposée sur les inconvénients de décuver tôt et sur les avantages de décuver tard. Pour y parvenir, des expériences étaient nécessaires. Elles ont été faites et voici comment : des quantités égales de la même vendange, récolte de 1861, ont été soumises à la fermentation dans 14 vases *ad hoc* de même capacité et placés dans la même cave, par conséquent dans un milieu d'égale température. Ces vases portaient les n°ˢ 1 à 14. Ils avaient été numérotés afin de rendre plus saisissables les observations qui seraient faites concernant le vin que l'on retirerait de chacun d'eux. Le vin de ces 14 vases a ensuite été décuvé, mais à des époques diverses, savoir : celui des vases n°s 1, 2 et 3, et dans leur ordre, après 6, 10 et 15 jours de fermentation ; celui des vases n°s 4, 5 et 6 au bout de 2, 3 et 4 mois ; celui des vases n°s 7, 8, 9, 10, 11 et 12 au bout de 6, 8, 10, 12, 14 et 16 mois ; enfin celui des vases n°s 13 et 14 après 20 et 24 mois.

Lors de l'entonnement, le vin provenant des vases n°s 1, 2, et 3 était doux, louche et peu coloré. Il a été atteint de la *pousse* dans le courant du printemps de 1862. Il a fini par perdre sa douceur, mais il est devenu acide sans s'éclaircir. En définitive, c'était de mauvais vin, pris égard à l'année.

Le vin des vases n°s 4, 5 et 6, décuvé après 2, 3 et 4 mois de fermentation, était encore un peu doux et un peu louche, mais il était déjà plus coloré que le vin des vases n°s 1, 2 et 3. — Le vin du vase n° 4 a également été atteint de la pousse en été de 1862 et il est devenu acide après avoir cessé d'être

Afin de bien constater l'influence pernicieuse du contact de l'air, trois parties de vendange, récolte doux. L'acide était un peu moins prononcé que celui du vin provenant des vases n°s 1, 2 et 3. Le vin du vase n° 5 a passé par les mêmes phases que le vin tiré du vase n° 4, mais la pousse et l'acide ont été moins sensibles. — C'est à peine si le vin du vase n° 6 a donné des signes de pousse et d'acide.

Quand au vin des vases n°s 7, 8, 9, 10, 11 et 12, il n'était plus doux lors de l'entonnement. Aussi n'a-t-il pas *monté* ou n'a-t-il pas été atteint de la pousse et n'est-il nullement devenu acide. Il était beaucoup plus coloré que le vin du vase n° 6. Il était clair, brillant, et s'est conservé dans cet état.

Le vin des vases n°s 13 et 14 était aussi fortement coloré. Il était clair, d'un beau brillant, et il s'est aussi conservé sans s'altérer.

Tous ces vases, les vases n°s 1, 2 et 3 exceptés, avaient été fermés de manière à empêcher le contact de l'air. Pour les vases n°s 1, 2 et 3 la précaution de les fermer devenait inutile, parce que l'air ne pouvait y pénétrer à cause du dégagement du gaz acide carbonique.

de 1861, absolument pareilles et en quantité égale à celle placée dans chacun des vases numérotés 1 à 14, ont été déposées séparément pour fermenter dans trois autres vases portant les n°s 15, 16 et 17, semblables en tout à ces derniers et exposés à la même température, mais en ayant eu le soin de laisser la bonde ouverte jusqu'à l'entonnement.

Le vin du vase n° 15 a été decuvé au bout de 4 mois. La partie supérieure du chapeau était aigre et moisie. Le vin était à peine doux. Il était passablement coloré, mais il n'était pas clair. Il avait un petit goût de piqué ou de légères tendances à l'acide. Il a eu la *pousse* dans l'été de 1862, et dès le printemps de l'année suivante il était un peu acide et cette maladie s'est progressivement développée.

Le vin du vase n° 16 a été décuvé après six mois. Le chapeau était presque entièrement moisi et aigre. Le vin n'était plus doux, il était un peu plus coloré que le vin provenant du vase n° 15, mais il n'était pas clair et le goût d'acide était déjà facile à apercevoir. Il n'a pas été atteint de la pousse en été de

1862, mais l'acidité a continué d'augmenter et en mai 1863 il n'était plus buvable.

Le vin du vase n° 17 a été décuvé au bout de huit mois. Le chapeau était complétement acétifié et rempli de moisissures. Le vin était encore plus coloré que celui tiré du vase n° 16, il n'était plus doux, mais il était d'un louche ressemblant aux lies très-foncées. Il était visiblement acide au goût et à l'odorat, aussi, dès la fin du printemps de 1862, n'était-il plus propre à l'alimentation, tant le principe acide avait pris d'extension.

L'alcool est un des éléments constitutifs du vin. La richesse naturelle alcoolique d'un vin est même un signe certain de sa qualité supérieure relative. La preuve qu'il en est ainsi, c'est que le vin des bonnes années, comme on dit, contient une proportion d'alcool plus grande que celui des années médiocres et à plus forte raison des mauvaises années. Il ne viendra sans doute à l'idée de personne de méconnaître cette vérité. Mais comme la richesse alcoolique d'un vin dépend non-seulement de la quantité de sucre de raisin que contenait la vendange, mais encore d'une bonne fermentation, puisqu'il n'y a qu'une bonne fermentation qui puisse transformer complètement et régulièrement le sucre de raisin en acide carbonique et en alcool, il était utile de rechercher si les vins provenant des 17 vases employés aux expériences qui viennent d'être décrites contenaient la même proportion d'alcool, et de constater encore, sous ce rapport, les inconvénients et les avantages de décuver tôt ou tard, de fermer la bonde à propos ou de la laisser ouverte. A cet effet, une égale et suffisante quantité de chacun de ces 17 vins a été distillée avec le petit alambic Salleron, inventé tout exprès pour déterminer d'une manière exacte la richesse alcoolique des vins. Il est résulté de cette opération, que le vin des vases nº 1, 2, 3, 4, 5 et 6, décuvé après 6, 10 et 15 jours, 2, 3 et 4 mois, ainsi que le vin des vases nᵒˢ 15, 16 et 17 cuvé la bonde ouverte et décuvé après 4, 6 et 8 mois, contenaient moins d'alcool que le vin des autres vases, décuvé après 6, 8, 10, 12, 14, 16, 20 et 24 mois et dont la bonde de ces vases avait été fermée en temps opportun. Le degré alcoolique du vin de ces derniers vases était à peu près le même. La différence n'était pas appréciable. Le degré alcoolique du vin des vases nos 1, 2, 3, 4, 5 et 6 présentait des différences qui étaient en rapport avec la durée de la fermentation ; c'est-à-dire que le vin du vase n° 6 était plus fort en alcool que le vin du vase n° 5, celui-ci l'était plus que le vin du vase n° 4 et ainsi de suite. Le vin des vases nos 15, 16 et 17 était à fort peu de chose près de la même richesse alcoolique. — On n'a pas cru devoir signaler en particulier le degré alcoolique de chacun de ces 17 vins, parce que cette indication, qui peut avoir un certain intérêt au point de vue purement scientifique, est à peu près indifférente en pratique, puisqu'il suffit à cet égard de savoir qu'il ne faut pas décuver trop tôt et qu'il n'y a point d'inconvénient de décuver tard.

Un fait inattendu, mais observé avec le plus grand soin, est de nature à donner, si elles en avaient besoin, une puissante autorité aux expériencees dont il vient d'être rendu compte. Voici à quelle occasion ce fait s'est produit et a été observé : Un riche propriétaire d'Arbois, possédant beaucoup de vignes, mais assez peu soigneux, surtout de ses caves, avait laissé sous les marcs la majeure partie de ses vins récoltés en 1859 et en 1861, lorsqu'au printemps de 1863, un des plus intelligents marchands de vin de la localité se présenta chez lui pour faire des achats. Après être descendu à la cave, y avoir jeté un coup d'œil et reçu les explications de ce richard négligent, il avait bien vite pris la résolution de s'abstenir de toute emplète; cependant, par curiosité plutôt que dans tout autre but, il se décida à déguster quelques vins. Il en trouva de bons, il en trouva de détestables. Cela devait être. Parmi les tonneaux en assez grand nombre qui contenaient les vins conservés sous la gène, deux seulement avaient la bonde bien fermée. La bonde des autres tonneaux était restée ouverte ou mal fermée. Le vin des tonneaux fermés était très-coloré, brillant et clair. Il avait un goût excellent et du bouquet. Il était au moins égal, sinon supérieur, au vin de la même vendange qui avait été décuvé après un intervalle de 6 et 8 mois de fermentation. Une partie de ces deux vins, distillée avec le petit alambic Salleron, avait donné à peu près le même degré d'alcool. Le vin des tonneaux dont la bonde n'avait pas été fermée était acide, louche, désagréable au goût, la couleur assez foncée avait un air maladif et déplaisait à la vue. Distillé avec le même alambic, ce vin donna de 1 1/2 à 3 degrés d'alcool en moins que l'autre vin. Le vin des deux tonneaux à bonde fermée fut acheté par ce marchand. L'un de ces tonneaux renfermait du vin de la récolte de 1859, l'autre du vin de celle de 1861. Pendant tout le temps que ces deux vins sont restés chez ce marchand, ils se sont très-bien comportés et les personnes auxquelles ils ont été revendus en ont été fort contentes (1).

On croit qu'il serait oiseux d'insister plus longtemps sur les inconvénients de décuver trop tôt, sur l'absence d'inconvénients et même sur les avantages de décuver tard, pourvu que dans ce dernier cas on ait pris le soin de fermer à temps la bonde des tonneaux, afin de prévenir et d'empêcher le contact de l'air.

Il s'agit maintenant d'expliquer pourquoi il n'est pas possible d'obtenir dans les caves une bonne fer-

(1) Il y a environ une trentaine d'années, un tonneau rempli de vendanges pour être fermentées fut oublié dans l'une des caves de l'Hôpital d'Arbois. On s'aperçut de cet oubli plus de trois ans après. On s'empressa alors de décuver. Le vin fut trouvé excellent. La bonde avait été bien fermée. (Renseignement fourni par l'un des membres de la Société.)

mentation des vendanges égrappées ou non, en se servant de tonneaux debout. Quelques mots suffiront pour le faire comprendre. — Ainsi qu'on l'a vu, il ne faut pas décuver avant quatre mois, il est même mieux de décuver plus tard. Or il est impossible de de cuver aussi longtemps dans des tonneaux debout, quelles que soient les précautions que l'on prenne, sans que le *chapeau* soit *archi-moisi* et *archi-aigre*, et par conséquent sans que le vin n'ait subi la pernicieuse influence d'un voisinage aussi dangereux. Il faudrait donc décuver au bout de quelques jours, mais alors la fermentation serait tellement incomplète qu'on retomberait dans les inconvénients déjà signalés de l'entonnement trop hâtif, c'est-à-dire d'une fermentation vineuse qui s'accomplirait mal en l'absence des marcs, d'un *ferment* inerte qui après avoir langui finirait par périr et par amener l'une de ces fermentations qui sont le signe certain d'un vin malade.

C'est seulement en cuvant à une haute température, 22 à 28 degrés au-dessus de zéro, que l'on peut employer les tonneaux debout, soit parce que à cette température, la fermentation étant d'une énergie considérable, le gaz acide carbonique qui s'en dégage à flots expulse l'air du tonneau et garantit de tout contact de l'air le chapeau qui reste sain et que l'on protège d'ailleurs au moyen du foulage, soit parce que trois ou quatre jours suffisant pour opérer la conversion du sucre de raisin en alcool et en acide carbonique, il peut être, après ce court laps de temps, procédé à l'entonnement du vin. Il y a même nécessité, dans ce cas, de décuver à bonne heure à cause de l'extrême difficulté de fermer les tonneaux debout et de préserver le chapeau du contact de l'air dès que la force d'expansion du gaz acide carbonique cesse d'y pourvoir.

C'est aussi à la température de 22 à 28 degrés au-dessus de zéro, ou si l'on veut, à une température assez élevée pour opérer le dédoublement du sucre de raisin dans l'espace de quelques jours, qu'il serait permis de cuver avec la rafle, parce que alors le vin n'aurait pas le temps, avant l'entonnement qui se ferait dans ce court délai, de contracter un goût de grappe trop prononcé.

A une époque où quelques vignerons cuvaient encore dans des tonneaux debout, ils avaient le soin, aussitôt que la fermentation arrivait à sa période décroissante, de couvrir le chapeau d'une espèce de mortier fait avec des cendres, afin de chercher à neutraliser l'influence du contact de l'air ; mais cette précaution, qui avait son utilité, ne remplissait que très-imparfaitement le but proposé et était fort loin d'avoir l'efficacité de la fermeture de la bonde des tonneaux de couche. Toutefois les cendres sont peut-être ce que l'on peut employer de mieux en pareille occurrence, à cause de la potasse qu'elles contiennent et de son action sur l'acide acétique.

L'expérimentation a été concluante également sur les inconvénients de cuver avec ou sans la rafle, dans les caves et avec des tonneaux debout, ainsi que sur les avantages d'entonner tôt en cuvant à une température de 22 à 28 degrés au-dessus de zéro. — Ainsi, dans sept vases, nos 18, 19, 20, 21, 22, 23 et 24, de même capacité que ceux employés aux expériences dont il a été parlé, mais ayant la forme des tonneaux debout, il a été placé, pour fermenter, une égale quantité toujours de la même vendange récoltée en 1861.

Le vase n° 21 a été exposé à une température constante de 26 degrés au-dessus de zéro et durant quatre jours. Le cinquième jour, le vin a été entonné. Il n'était plus doux et il était passablement coloré et clair, il s'est bien conservé. Au goût, il paraissait avoir du nerf, mais il était sans bouquet et peu riche en alcool.

Le vase n° 22 avait été exposé à la même température et durant le même temps. Il avait été ajouté un peu de rafle à la vendange. Décuvé le cinquième jour, le vin avait un goût imperceptible de grappe. Il était à peu près coloré comme le vin du vase n° 21. Il était clair, un peu dur, également sans bouquet. Il marquait le même degré d'alcool que le vin n° 21.

Le vase n° 23 avait aussi été exposé à la même température, mais durant un temps plus long. Le cinquième jour, le chapeau a été recouvert d'une espèce de mortier fait avec des cendres et ce n'est qu'au bout d'un mois que le vin a été entonné. A la couleur il ressemblait assez au vin des vases n°ˢ 21 et 22. Il n'était plus doux. Il manquait aussi de bouquet et la proportion d'alcool était un tout petit peu moindre. Le chapeau renfermait quelques moisissures. Aussi le vin était-il légèrement acide dès le printemps de 1863. La richesse alcoolique de ces trois vins, déterminée au moyen de l'alambic Salleron, était inférieure à celle du vin cuvé à basse température et entonné au moment où il avait cessé d'être doux.

Les vases n°ˢ 18, 19 et 20, exposés à la même température que les 17 premiers vases, c'est-à-dire déposés dans la même cave et à la même époque, ont été décuvés, savoir : le n° 18 au bout de 8 jours, le n° 19 après 15 jours et le numéro 20 au bout d'un mois. Lors de l'entonnement du vin, vase n° 18, on remarquait quelques petites moisissures sur le *chapeau*. La vendange avait cependant été foulée tous les jours et deux fois par jour. Ce vin était doux. Il n'était pas clair, contenait peu d'alcool, il a *tourné* ou *monté* au printemps de 1862 et il est devenu acide sans s'éclaircir.

Le vin du vase n° 19 était également resté doux, un peu moins cependant que le vin du vase n° 18.

Il n'était guère plus clair. Il a *tourné* ou *monté* seulement en été de 1862 et il est également devenu acide. Les moisissures du chapeau étaient plus nombreuses et plus prononcées.

Le vin du vase n° 20 était encore un peu doux, Il était encore un peu moins louche que le vin du vase n° 19. Il a *tourné* ou *monté* en été de 1862, mais moins fortement que le vin des vases n°ˢ 18 et 19, mais il est devenu acide et d'une manière plus prononcée que ces deux derniers vins. Le chapeau était aussi beaucoup plus moisi, malgré la précaution qui avait été prise de le recouvrir dès le 12ᵉ jour avec un mortier préparé avec des cendres.

Enfin, le vase n° 24 avait également été déposé dans la même cave et à la même époque. Il avait été mêlé des rafles à la vendange. Après 6 jours de fermentation, un mortier de cendres avait été placé avec soin sur le chapeau où l'on ne remarquait alors aucune trace de moisissure, néanmoins, le vin de ce vase, décuvé au bout de quatre mois, est devenu acide dès le printemps de 1862. Il n'était cependant plus doux lors de l'entonnement, mais le chapeau était moisi et acétifié. Il n'a ni monté ni tourné. Il avait aussi un goût de grappe fort désagréable.

Le vin des vases n°s 18, 19, 20 et 24 contenait aussi moins d'alcool que le vin de la même vendange cuvé par les procédés ordinaires.

Pour compléter les études sur le mode de vinification actuellement en usage, il restait à comparer avec exactitude deux vins faits avec la même quantité et la même nature de vendange, l'un fermenté à la température de 26 à 27 degrés au-dessus de zéro, et l'autre cuvé en cave, mais tous deux décuvés dans les meilleures conditions. Cette comparaison avait trop d'importance pour être négligée. Aussi a-t-elle été faite avec le plus grand soin. A cet effet, on s'est servi de la vendange récoltée en 1861. On aurait pu opérer sur de la vendange de toute autre année, l'essentiel était qu'elle fût de même qualité et d'égale quantité.

Le vin cuvé à une haute température était assez fort en couleur. Il n'était plus doux lors de l'entonnement. Il était même un peu dur. Il avait très-peu de bouquet et paraissait robuste. Il s'est bien conservé. Toutefois il ne ressemblait pas au vin d'Arbois. Ce n'était plus du vin d'Arbois.

Le vin cuvé en cave n'était plus doux non plus lors de l'entonnement, mais il était un peu plus coloré que le vin fermenté à la température de 26 à 27 degrés. Il était moëlleux, clair, brillant, délicat et agréable au goût. Son bouquet était remarquable. Il s'est également très-bien conservé.

Une égale partie de ces deux vins a été distillée avec le petit alambic Salleron, et on a constaté que le vin cuvé en cave contenait plus d'alcool que celui fermenté à une température élevée. La différence était même assez sensible.

Il est donc évident que le milieu où fermente la vendange influe sur la qualité du vin principalement en ce qui concerne le bouquet et la proportion d'alcool, mais quelles en sont les causes ? L'observation attentive des faits et l'expérimentation ont permis de s'en rendre compte. En effet, la fermentation des vendanges à une température de 22 à 28 degrés au-dessus de zéro est véhémente, tumultueuse, et il s'en dégage avec une certaine violence une grande quantité d'acide carbonique, qui entraîne avec lui une partie de l'alcool à mesure que le sucre du raisin se dédouble. Les acides volatils et les éthers, substances qui donnent le bouquet au vin, s'échappent aussi avec le gaz acide carbonique et même avec plus de facilité que l'alcool parce qu'ils ont encore moins de densité. On s'est assuré que les choses se passent ainsi, car après avoir reçu dans une cloche en verre le gaz acide carbonique qui se dégage de la fermentation des vendanges à une température élevée, on s'aperçoit tout d'abord en le flairant, qu'il exhale une odeur agréable et assez prononcée qui accuse la présence d'acide volatil et d'éther vinique, puis en l'exposant dans un milieu convenable, il se transforme au bout de quelques jours en excellent vinaigre, ce qui n'aurait pas lieu s'il n'était pas mélangé d'alcool dans une assez forte proportion.

En cuvant à une température peu élevée, celle des caves, le dégagement du gaz acide carbonique est très-faible et la perte de l'alcool est insignifiante. Par la même raison, la déperdition des acides volatils et des éthers est beaucoup moins considérable. Ce qui le prouve, c'est, d'une part, la plus grande richesse alcoolique des vins ainsi obtenus, et l'arome excellent dont ils sont doués, et, d'autre part, l'expérience répétée avec la cloche en verre, qui au lieu de vinaigre n'a donné qu'un liquide à peine acidulé et peu odorant.

III.

CONCLUSION.

De tout ce qui précède, il ressort :

1° Que la manière de faire le vin dans le vignoble de l'arrondissement de Poligny et spécialement à Arbois, doit continuer d'être suivie ; que c'est même le seul moyen de conserver au vin d'Arbois son cachet particulier, sa valeur et la réputation dont il jouit ;

2° Que vouloir la changer dans l'espoir chimérique d'une amélioration des produits vinicoles serait une frivolité coûteuse dont il faut s'abstenir, attendu que le vin cuvé dans les caves avec des tonneaux de couche après avoir préalablement égrappé la vendange, est incontestablement supérieur au vin fermenté à une haute température;

3° Qu'il ne faut décuver à bonne heure et cuver avec la rafle que quand la fermentation se fait à une haute température;

4° que le véritable moment de décuver et d'entonner, lorsque l'on cuve dans les caves, est celui où le vin cesse absolument d'être doux;

5° Qu'il faut avoir le soin de fermer progressivement la bonde des tonneaux à mesure qne la fermentation s'affaiblit, de manière à ne laisser d'espace que ce qui est rigoureusement nécessaire pour laisser échapper le gaz acide carbonique, puis de fermer la bonde hermétiquement quand il n'y a plus ou presque plus de dégagement de gaz acide carbonique;

6° Qu'il est indispensable de prendre toutes les précautions possibles pour éviter que le *chapeau* soit en contact avec l'air ;

7° Qu'il y a de graves inconvénients à décuver trop tôt en cuvant dans les caves, et qu'il n'y en a pas à décuver tard, pourvu que le contact de l'air ait été évité.

C. GUYÉTANT,
Vice-Président de la Société.

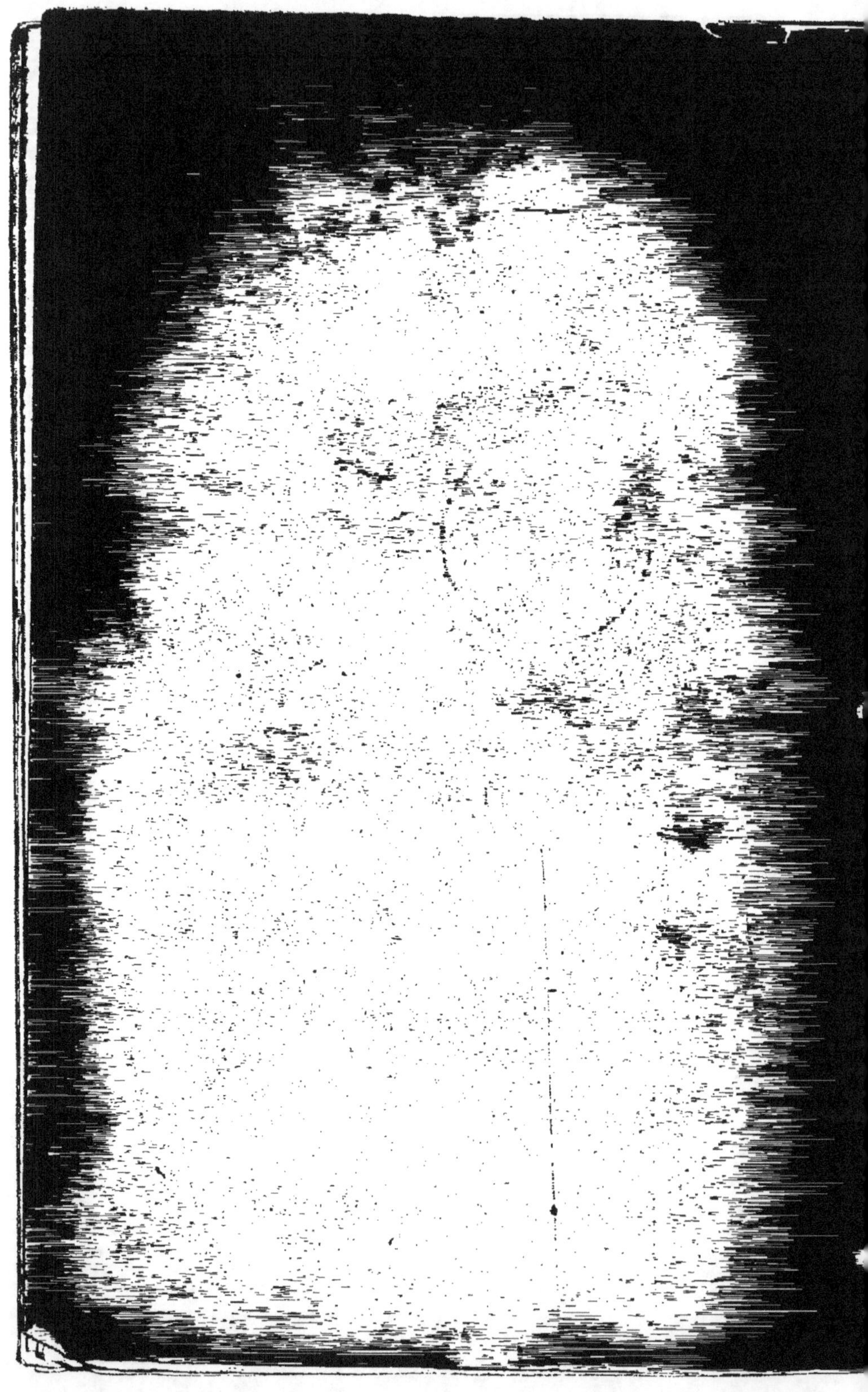